LA PRÉPARATION DE LA GUERRE & LA CONDUITE DES OPÉRATIONS

PAR LE MARÉCHAL JOFFRE

I. - MOBILISATION & CONCENTRATION

II. - LA GUERRE

DE LA MOBILISATION A LA BATAILLE DES FRONTIÈRES

DE LA BATAILLE DES FRONTIÈRES A LA BATAILLE DE LA MARNE

APRÈS LA BATAILLE DE LA MARNE

" EDITIONS & LIBRAIRIE "

E. CHIRON, Editeur, 40, Rue de Seine, PARIS

1920

1 9 1 4 — 1 9 1 5

LA PRÉPARATION DE LA GUERRE
& LA CONDUITE DES OPÉRATIONS

1914 - 1915

LA PRÉPARATION DE LA GUERRE & LA CONDUITE DES OPÉRATIONS

PAR LE MARÉCHAL JOFFRE

PARIS

"ÉDITIONS ET LIBRAIRIE"

E. CHIRON, Éditeur, 40, Rue de Seine.

1920

MOBILISATION
& CONCENTRATION

Pour se faire une opinion nette et précise sur une décision du commandement, quelle qu'elle soit, en un point déterminé et à un moment donné de la guerre, il est indispensable de ne pas envisager cette décision toute seule, en faisant abstraction de ce qui s'est passé auparavant ou de ce qui se passe au même moment sur les autres parties du théâtre des opérations. Pour juger des causes qui ont amené le commandement à prendre cette décision, il importe essentiellement de considérer l'ensemble des opérations à l'époque envisagée, de voir la place que prend dans ce cadre général le fait que l'on veut étudier et de se rendre compte des répercussions qu'ont ou qu'auront sur lui les événements qui se sont passés ou se passent ailleurs. C'est une erreur

commune à bien des exécutants, quelle
que soit l'importance de l'unité qu'ils
commandent que de surestimer en toute
bonne foi, l'importance des événements
dont ils sont les acteurs responsables
et qui se passent sur la fraction du
front où ils se trouvent eux-mêmes.
Cette erreur est du reste, de leur part,
parfaitement excusable et compréhen-
sible, car les exécutants, ne possédant
pas les éléments nécessaires pour appré-
cier une situation générale qu'ils ne
connaissent qu'imparfaitement, ne peuvent placer au rang qui leur revient dans
l'ensemble des faits les événements qui
les intéressent le plus directement, ni
voir sur eux la réaction de cet ensemble.

I

MOBILISATION
& CONCENTRATION

Le plan de mobilisation, qui était en vigueur quand commença la guerre (plan 17), datait du printemps 1913.

A cette époque, une réfection totale du plan était apparue nécessaire, tant en raison des modifications survenues dans la situation générale extérieure, que des changements apportés à nos lois organiques et des progrès réalisés dans notre outillage militaire et dans l'utilisation technique de nos voies ferrées.

En vue de la réalisation éventuelle

d'un plan d'opérations conçu par le général chef d'état-major de l'armée, commandant en chef désigné des armées françaises du nord-est, un plan de mobilisation et de concentration, dénommé plan 17 avait été présenté au Conseil supérieur de la guerre, le 18 avril 1913, et approuvé par le Ministre le 2 mai suivant.

D'une façon générale, les grandes lignes du plan de mobilisation et de concentration étaient les suivantes :

1° Au point de vue de l'organisation s'y révélait le souci d'organiser, de plus en plus fortement, les formations de réserve, de les rendre de plus en plus souples et de mieux en mieux enca- drées. De la sorte, il devenait possible de les employer immédiatement aux côtés des troupes actives au lieu de les conserver initialement loin des grandes unités de première ligne, comme il

était prévu dans les plans précédents.
Le nombre des divisions de réserve
passait de 22 (plan 16) à 25 (plan 17),
cependant qu'un régiment de réservistes était affecté organiquement à
chaque division active, au lieu et place
de la brigade de réserve antérieurement
attribuée à 15 de nos corps d'armées
mobilisés.

Tous les réservistes non affectés aux
troupes actives entraient dans la composition de l'une ou l'autre de ces formations. Cette organisation permettait
ainsi de mettre en ligne la totalité de
nos forces, mais sans amalgame ni mé-
lange prématurés d'unités, lesquels
eussent été de nature à diminuer le
rendement de notre instrument de combat.

2° Quant à la concentration, elle
n'est autre que la réunion des moyens,
le rassemblement des forces en vue de

la réalisation du plan d'opérations
conçu.

Dans le plan 17, le centre de gravité des forces du théâtre du nord-est
était reporté notablement plus au nord
que dans les plans précédents, en raison de l'éventualité, considérée comme
de plus en plus probable, de la violation du territoire belge par les forces
allemandes.

Je puis ajouter qu'avant le plan 16,
le plan de concentration se faisait au
sud de Verdun. Dans le plan 16, on est
remonté un peu plus au nord, et dans
le plan 16 bis, on est remonté encore
plus haut jusqu'à Mézières. Enfin dans
le plan 17 on est allé beaucoup plus au
nord. On a surtout augmenté beaucoup
les forces indiquées au nord.

Le dispositif d'ensemble prévu pour
les armées françaises comprenait initialement :

En première ligne, 18 corps d'armée et 8 divisions de réserve (répartis entre 4 armées) sur le front compris entre Belfort et Hirson.

En deuxième ligne, une armée de 3 corps d'armée dans la région de Saint-Dizier, Bar-le-Duc, une variante étant d'ailleurs prévue dans les débarquements de cette armée, permettant de l'établir initialement plus au nord, s'il paraissait nécessaire de remonter le centre de gravité du dispositif.

Il est nécessaire d'avoir ces variantes, parce que la difficulté de la concentration est l'emploi des chemins de fer. Une fois que la concentration est commencée, il est impossible de prendre des troupes au sud pour les porter au nord, parce que les routes sont parallèles. Si l'on veut faire un mouvement de flanc, on cisaille toutes les lignes de transport. Ce n'est pas possible ou bien il faut revenir en arrière jusqu'à Paris. On ne peut donc faire comme variantes pendant la concentration que celles qu'on a prévues. Et on avait prévu celle-là.

Le général en chef disposait en outre directement de groupes de divisions de réserve et d'un certain nombre de divisions actives ou de réserve parmi lesquelles les divisions venant d'Algérie et éventuellement des Alpes.

3° La protection de la concentration dans le plan 17 était prévue à l'aide d'un dispositif de couverture dont le but était de permettre à nos armées d'exécuter leur débarquement, de se former, de se réunir et, le cas échéant, de déboucher offensivement, sans que l'ennemi puisse entraver ces diverses opérations.

Cette couverture était notablement

renforcée par rapport aux prévisions du plan 16. Le dispositif de couverture du plan 16 avait en effet deux défauts : faiblesse des effectifs, largeur trop grande des secteurs affectés aux trois corps frontières, seuls chargés de la couverture de première urgence.

La nouvelle loi de recrutement, en donnant des ressources en hommes, permettait d'une part de renforcer les unités de couverture et de les mettre presque sur le pied de guerre. D'autre part, les régions territoriales étaient modifiées de telle sorte que cinq d'entre elles viennent border la frontière, la couverture pouvait ainsi être confiée au début de la mobilisation aux cinq corps frontières, disposant de divisions de cavalerie, et que venaient renforcer, du cinquième au sixième jour, trois nouvelles divisions d'infanterie.

Ces cinq corps frontières, c'étaient

le 7ᵉ, le 21ᵉ (nouveau), le 20ᵉ (Nancy), le 6ᵉ (Verdun) et une division du 2ᵉ corps.

En outre, la couverture était plus rapprochée de la frontière sur l'ensemble du front que dans le plan précédent, en raison du souci du haut commandement de réduire au minimum la bande de territoire français que les Allemands seraient susceptibles d'envahir dans une attaque brusquée.

A partir du cinquième jour, les commandants des 1ʳᵉ, 2ᵉ, 3ᵉ et 5ᵉ armées devaient exercer le commandement des secteurs de couverture correspondant à la zone de leur armée. Les troupes de couverture s'appuyaient sur un certain nombre d'ouvrages du moment, qui devaient leur permettre de tenir longtemps contre des forces supérieures et qui, selon les prévisions du plan 17, devaient être établis dès la mobilisation vers Montmédy, sur les Hauts-de-Meuse, sur le Grand-Couronné de Nancy et au débouché de la forêt de Charmes. Les études relatives à ces organisations avaient été faites dès le temps de paix, en détail. Certains ouvrages, notamment ceux du Grand-Couronné de Nancy avaient même reçu, plusieurs mois avant la mobilisation, un commencement d'exécution en commençant par les plus urgents, ceux de la ligne de résistance, les ouvrages avancés, d'urgence secondaire, ne devant être entrepris qu'après ceux-là.

Les bases du plan de mobilisation et de concentration étant approuvées, le plan d'opérations en vue de l'exécution duquel ces bases avaient été prévues pouvait dès lors être préparé en détails. Ce fut la tâche de l'état-major de l'armée que d'établir tous les documents relatifs à la réalisation du plan d'opérations conçu.

L'idée maîtresse de ce plan d'opérations était la suivante : étant donnée la puissance de l'armée allemande et le nombre de ses unités, il importe de n'engager contre elles la bataille qu'avec la totalité de nos forces, bien soudées, bien coordonnées, en liaison les unes avec les autres. En engageant prématurément des éléments isolés avant la réunion des gros, c'est-à-dire avant d'avoir en main l'ensemble de nos forces, on risquerait de les faire battre en détail. Le succès ne peut être obtenu que par une action d'ensemble nécessitant au préalable la concentration des moyens, leur soudure et leur liaison.

Tant à la bataille des frontières qu'à la bataille de la Marne, la réalisation de cette idée a été strictement recherchée, et si, pour des causes qui seront

examinées plus loin, la première de
ces batailles a échoué, ce principe a
trouvé dans le succès de la seconde
de ces batailles une éclatante consécra-
tion.

N'engager la bataille qu'en ayant
toutes ses forces en main ne signifie
d'ailleurs nullement que, d'un bout à
l'autre du front, le combat en vue d'une
même opération stratégique doit s'allu-
mer partout au même instant. Il est
telle circonstance où le commandement
peut avoir avantage à engager la bataille
un peu plus tôt sur certains points que
sur d'autres, en vue par exemple d'atti-
rer les réserves ennemies dans telle
région où il lui paraît favorable de le
faire pour l'exécution de son plan. Mais
ces actions, ainsi échelonnées dans le
temps, font partie d'un même ensemble
où toutes nos forces travaillent côte à
côte et en liaison, et où aucune d'elles

n'est lancée dans une opération isolée et sans relation avec le reste.

C'est en application de l'idée maîtresse énoncée plus haut que le plan d'opérations prévoyait ainsi qu'il suit, dans ses très grandes lignes, l'emploi des forces du nord-est.

En tout état de cause, l'intention du général commandant en chef est de se porter, toutes forces réunies, à l'attaque des armées allemandes.

L'intervention des armées françaises se manifestera sous la forme de deux actions principales se développant l'une à droite, dans les terrains entre les massifs forestiers des Vosges et de la Moselle, en aval de Toul ; l'autre à gauche, au nord de la ligne Verdun-Metz.

Ces deux actions seront étroitement soudées par des forces agissant sur les Hauts-de-Meuse et en Woëvre.

Les directives de concentration ne font pas mention de la place éventuellement réservée à l'armée britannique. Elles ne pouvaient effectivement en parler pour des raisons d'ordre politique. Nos conventions militaires avec l'Angleterre avaient en effet un caractère à la fois secret et éventuel qui interdisait d'en faire mention dans un pareil document. Mais l'entrée en action de l'armée anglaise, pour secrète qu'elle était tenue, avait été prévue en détails : des mesures avaient été prises pour son débarquement et sa concentration, et son emploi éventuel avait été envisagé à la place qui devait logiquement lui être réservée, à la gauche du dispositif des armées françaises qu'elle devait ainsi prolonger. Dans l'éventualité prévue, bien que secrète, de l'intervention britannique, ce n'était donc pas le seul front français qui était envisagé comme front de bataille, mais bien un front plus étendu vers la gauche.

Les « directives de concentration » indiquaient dans leurs grandes lignes, les missions à remplir par les diverses armées en vue de la réalisation du plan général ci-dessus, missions pour l'exécution desquelles tous les renseignements nécessaires étaient réunis en un dossier remis dès le temps de paix à chaque commandant d'armée désigné, de façon qu'il fût nettement orienté et pût se préparer à son rôle futur sans qu'il fût besoin, à la déclaration de guerre, d'une réunion plénière des commandants d'armée.

— Au 3ᵉ bureau on savait tout ce qu'il y avait à faire, et s'il y avait des modifications quelconques. Nous nous tenions constamment au courant de ce qu'il y avait à faire.

En particulier, la 3ᵉ armée chargée

du rôle de liaison entre les deux armées d'attaque de droite et de gauche, recevait la mission générale ci-après :

(Ceci est copié textuellement dans le dossier.)

La 3ᵉ armée, constituant la liaison entre les actions principales projetées sur la rive droite de la Moselle, d'une part, au nord de la ligne Verdun-Metz, d'autre part, doit se tenir prête :

Soit à rejeter sur Metz-Thionville les forces ennemies qui en auraient débouché.

Soit à préparer un premier investissement de la place de Metz, sur le front ouest et nord-ouest.

Elle prendra appui sur les Hauts-de-Meuse dont elle assurera la possession.

Elle utilisera à cet effet, dès leur arrivée, le groupe de divisions de réserve et l'artillerie lourde qui lui sont affectés pour y tenir les positions dont l'occupation est prévue.

Ultérieurement, ces mêmes éléments sont destinés à lui permettre d'organiser comme il a été dit ci-dessus, l'investissement de Metz.

— Voici textuellement quelle était la mission de l'armée.

Le plan d'opérations ainsi établi dès le temps de paix n'est pas un immuable schéma qui sera invariablement appliqué quoi qu'il advienne. Il exprime seulement une idée générale, un projet d'opérations dont les modalités de réalisation doivent s'adapter aux circonstances. C'est ainsi que le plan d'opérations(comme d'ailleurs aussi les missions des diverses armées prévues pour son exécution) ne peut définitivement prendre corps et se préciser que peu à peu, d'après les renseignements de toute nature, tant diplomatiques et politiques que militaires, qui parviendront successivement à partir de la mobilisation. La concentration qui n'est autre chose que le dispositif initial de nos forces en vue de la réalisation du plan d'opérations, ne peut donc être non plus un dispositif arrêté *ne varietur* dès le temps de paix, qu'on déclanche à la déclaration de guerre et dont les étapes successives se déroulent automatiquement, quoi qu'il arrive. Elle doit se modifier avec le plan et s'adapter comme lui aux circonstances. Divers moyens avaient été envisagés à l'avance pour permettre de telles modifications inévitables, en particulier :

— La 5ᵉ armée ne bougeait pas beaucoup, mais la 4ᵉ venait l'étoffer.

Un plan de renseignements pour le groupe des armées du nord-est avait été établi à la fin de mars 1914 par l'état-major de l'armée, afin de préciser les renseignements dont la connaissance était indispensable et les moyens de se les procurer. Ce plan envisageait tout spécialement l'éventualité tout à fait probable de la violation du territoire belge par les forces allemandes et prévoyait les mesures à prendre pour suivre éventuellement pas à pas, le développement et l'extension de cette violation.

Dans l'hypothèse considérée comme possible où l'ennemi étendrait son mouvement sur la rive gauche de la Meuse, le plan de renseignements posait en particulier le problème suivant : « Il importe de savoir si les Allemands préparent une offensive brusquée dans la région de Liége. » Il insistait sur l'intérêt que nous avons à connaître l'amplitude des mouvements allemands par la Belgique, sur l'utilité de savoir s'il y a des rassemblements allemands sur la frontière de Hollande. Tous renseignements considérés par le commandement comme étant d'une importance capitale pour le développement des opérations.

Tels sont, dans leurs grandes lignes, le plan de mobilisation et le plan d'opérations.

— Nous avons parlé de la variante pour mettre la 4ᵉ armée entre la 3ᵉ armée et la 5ᵉ armée. Nous avions un autre moyen de nous étendre sur la gauche : c'était d'y transporter des troupes spéciales venant d'Algérie et du Maroc et des troupes prélevées sur les Alpes ou ailleurs. Ce sont ces troupes qui pouvaient nous permettre d'étendre le front sur la gauche. J'y ai même envoyé des troupes prises sur la droite.

LA GUERRE

LA GUERRE

A. — De la mobilisation à la bataille des frontières.

Le 2 août, de grand matin, les troupes allemandes pénètrent sur le territoire luxembourgeois. Dans la nuit du 3 au 4 août, les avant-gardes allemandes entrent en Belgique.

Sitôt connus, et ils le sont immédiatement, grâce à notre service de renseignements, aiguillé par le plan de renseignements sur la violation possible de la Belgique, ces faits provoquent des déterminations importantes.

Dès le 2 août, c'est-à-dire le jour même de la déclaration de guerre.

décision de faire jouer la variante prévue à la concentration des 4ᵉ et 5ᵉ armées, par conséquent d'étendre notre
aile gauche vers le nord en remontant
notre centre de gravité.

Le 3 août, autorisation donnée au
corps de cavalerie de pousser ses divisions à l'est de Mézières, et le 5 août,
ordre au même corps de cavalerie de
pénétrer en Belgique pour préciser le
contour apparent de l'ennemi et retarder ses colonnes.

Entre le 6 et le 8, on sait qu'une
armée allemande, où l'on trouve des
éléments de 5 corps d'armée, marche
sur Liége et est engagée contre les
forces belges. Le groupe principal des
armées allemandes semble être autour
de Metz, devant Thionville et dans le
Luxembourg. Il est en posture, si Liége
tombe, de déboucher vers l'ouest en
élargissant son mouvement sur Bruxel-

les et au delà. Mais l'ennemi peut également, si la résistance opposée par Liége l'y oblige, converser vers le sud et appliquer toutes ses forces sur notre frontière, entre Metz et Namur, en s'appuyant sur la place de Metz.

Ces éventualités, mûrement envisagées, la décision est prise et communiquée aux armées le 8 août (1) « de rechercher la bataille toutes forces réunies, en appuyant au Rhin la droite du dispositif ». Et pour bien orienter les exécutants sur les adaptations prévues du plan à la situation où sera l'ennemi au moment de son exécution, il est spécifié que la gauche du dispositif serait reportée au besoin en arrière, pour éviter un engagement qui pourrait être décisif pour l'une des armées avant le moment où les autres seraient en

____

(1) Instruction générale n° 1 du 8 août 7 heures.

mesure de l'appuyer; au contraire, l'aile gauche serait portée en avant, dans l'hypothèse où la droite ennemie serait retardée devant Liége ou se rabattrait vers le sud. C'est bien l'application de l'idée maîtresse qui a présidé à la conception du plan, de ne livrer la bataille qu'en ayant toutes nos forces en main.

Une instruction générale comme celle-là n'est pas un ordre qu'il faut exécuter le lendemain. Ce sont des directives suivant lesquelles les exécutants orientent leurs dispositions. Des directives de cette nature peuvent amener une bataille seulement dix ou douze jours après.

Toute précision plus grande eût été prématurée, puisqu'à l'heure où cette instruction paraissait, les transports de concentration n'étaient commencés que depuis le 5 août et ne devaient prendre fin que le 18 août.

La période qui débute au 14 août pour aboutir à la bataille des frontières du 21 août voit la pensée directrice des opérations se développer et se confirme au fur et à mesure des événements.

Le plan d'ensemble comporte une attaque principale menée par nos forces de gauche : ces forces, il importe donc, en premier lieu, de les étoffer le plus possible.

Une série de mesures échelonnées jusqu'au 16 août y pourvoit.

La 3e armée s'accroît ainsi d'une division de réserve (1). Elle en recevra deux autres du 21 au 23 août.

La 5e armée se voit renforcée de deux divisions d'Afrique, d'un groupe de divisions de réserve, de tout un corps d'armée prélevé sur la deuxième armée (2).

____

(1) 65e division de réserve.

(2) 37e et 38e divisions d'infanterie, 4e groupe de réserve, 18e corps d'armée.

La 4ᵉ armée reçoit deux divisions (1).

Puis le rôle de la 3ᵉ armée comportant sa participation aux opérations de gauche, il fallait libérer progressivement cette armée du souci de couverture de son flanc droit contre les forces pouvant déboucher de Metz. Il fallait donc investir cette place par l'ouest.

Deux missions, l'une offensive, l'autre défensive : deux chefs.

C'est l'objet, d'abord, d'un ordre du 16 août (2), qui donne mission au 3ᵉ groupe de D. R., tout en restant attaché à la 3ᵉ armée, de commencer l'investissement du front de Metz ; ensuite, d'un ordre du 17 août (3) qui constitue l'armée de Lorraine destinée à masquer puis à investir le camp retranché de Metz. Et cette mission com-

----

(1) I. D. I. du 9ᵉ C. A. — La division du Maroc.
(2) Ordre particulier n° 11 du 16 août à la 3ᵉ armée.
(3) Ordre particulier n° 14 du 19 août à la 3ᵉ armée.

porte bien la réoccupation de la région de Briey.

Enfin, le plan général d'opérations adapté chaque jour à la situation devient définitif et, le 21 août, arrive à la réalisation.

Dans ses grandes lignes, il consiste :

A faire l'effort principal par le Luxembourg et le Luxembourg belge, en menaçant ainsi les communications des forces allemandes qui franchissaient la Meuse entre Namur et la frontière hollandaise : c'est la tâche dévolue aux 4e et 3e armées.

A produire avec les 1re et 8e armées un effort secondaire entre Metz et les Vosges pour accrocher l'ennemi que l'on sent glisser vers l'ouest, et qui pouvait se porter dans le flanc de nos armées attaquant en Luxembourg.

Enfin, ne laissant qu'un rideau dans

la forêt des Ardennes, à contenir les forces allemandes qui déboucheront de la Meuse, le temps nécessaire pour que l'attaque des armées du Luxembourg fasse sentir son action. C'est la mission des trois armées d'aile gauche : 5ᵉ armée française entre Sambre et Meuse ; armée britannique poussée vers Mons et armée belge, à qui l'armée britannique doit progressivement donner la main.

C'est bien d'une opération stratégique menée avec la coopération de toutes nos forces qu'il s'agit. Mais les trois actions envisagées, quoique faisant partie d'un même ensemble, ne doivent pas se déclancher simultanément. Il faut d'abord accrocher l'ennemi, l'amener à engager le plus de forces possible là où l'on n'a pas l'intention d'emporter la décision et, en tout cas, s'efforcer de lui interdire leur transport sur d'autres parties du front.

L'effort secondaire se produira donc le premier. S'il peut prendre appui au Rhin par sa droite — ce sera la tâche de l'armée d'Alsace — il se trouvera en excellente posture pour durer et s'organiser.

Durant toute cette période, au cours de laquelle le plan d'opérations s'est précisé et adapté à la situation générale résultant des renseignements reçus sur l'ennemi, l'idée de l'investissement de Metz, condition essentielle de la reprise de possession de la région de Briey, est constamment demeurée et a même été explicitement exprimée dans divers ordres. Du sort de la bataille qui allait se livrer dépendait la réussite de cette opération, toujours envisagée.

L'offensive prévue ne réussit pas. Ce n'est cependant pas la supériorité du nombre qui nous a écrasés. Les diverses mesures qui avaient été prises et qui ont été résumées plus haut nous avaient en effet permis d'engager la bataille non seulement avec une sensible égalité numérique dans l'ensemble avec les forces allemandes (1), mais avec une même répartition de forces du côté allié et du côté allemand, savoir :

1/3 entre le Rhin et la ligne de Verdun-Metz (incluse).

2/3 au nord de la ligne de Verdun-Metz.

Mais la gauche alliée comprenait, en face des meilleures unités de l'armée allemande, des éléments disparates et de valeur inégale (armée anglaise, armée belge, etc.).

Et, d'autre part, un des principaux motifs de l'échec de l'offensive fut que notre instrument de combat n'eut pas

____

(1) 85 D. I. et 0 D. C. du côté allemand.
83 D. I. et 12 D. C. du côté allié.

le rendement qu'on était en droit d'en attendre.

Il y eut de nombreuses défaillances dans nos grandes unités, dont plusieurs, surprises ou mal engagées, ont fondu très rapidement et reflué, exposant les unités voisines à des pertes sévères.

— C'est la période la plus difficile de mon existence.

Dans ces circonstances, le commandant en chef a considéré comme un devoir absolu de relever de leur commandement les chefs à qui incombait la responsabilité de ces défaillances.

Ce devoir était tout particulièrement dur à remplir, car plusieurs de ceux qui furent l'objet d'une telle mesure s'étaient fait remarquer, en temps de paix, par des qualités souvent brillantes. Mais, à la guerre, l'intelligence et l'esprit d'organisation ne suffisent pas. Il faut

en outre au chef un moral particulièrement élevé et une maîtrise absolue de
soi-même, qui lui permettent d'imposer,
par ces qualités mêmes, son calme à ses
subordonnés au milieu des difficultés
de la bataille.

Le salut du pays était en jeu. Ce qui
importait, c'était non plus la vaine satisfaction d'infliger des sanctions, mais
bien la nécessité urgente de prévenir
le retour de défaillances si préjudi-
ciables au bien public. Les événements
ultérieurs ont prouvé que le but cherché
avait été atteint.

En face d'un tel résultat, l'amertume
et le ressentiment ne comptent guère.

B. — *De la bataille des frontières à la bataille de la Marne.*

La bataille des frontières a échoué. La 2e et la 1re armées françaises, par l'initiative du début, ont sauvé Nancy et couvert notre droite sur les Vosges. Mais les 3e, 4e et 5e armées françaises doivent céder. La 4e armée exécute avec succès sur la Meuse une contre-attaque sur les corps de la 4e armée allemande débouchant de Sedan et parvient à les rejeter sur la rivière. Mais, plus au nord, la 1re armée allemande, libre de ses mouvements, dévale à marches forcées à travers la Belgique. l'armée belge est dans Anvers. L'armée anglaise se replie. La voie est ouverte aux trois armées allemandes de droite.

Il faut, avant tout, procéder à un nouveau groupement de nos forces en vue d'une manœuvre stratégique visant à éviter l'enveloppement et à reconquérir, dans toute la mesure du possible, la forme enveloppante ; constituer une armée française à l'ouest des Anglais, renforcer tout notre dispositif d'aile gauche. Mettre ainsi les armées alliées en situation de reprendre au plus tôt l'ascendant sur l'ennemi, tel est le but essentiel et toute autre considération, telle que celle de réoccuper Briey, devient, à côté de celle de sauver nos armées, secondaire.

Dès le 25 août, la nouvelle manœuvre est conçue et ses grandes lignes ainsi fixées (1) : « *La manœuvre offensive pro-* « *jetée n'ayant pu être exécutée, les opé-* « *rations ultérieures seront réglées de*

_____

(1) Instruction générale n° 2, du 25 août.

« *manière à reconstituer à notre gauche*
« *par la jonction des 4ᵉ et 5ᵉ armées,*
« *de l'armée anglaise et de forces nou-*
« *velles prélevées dans la région de*
« *l'est une masse capable de reprendre*
« *l'offensive pendant que les autres*
» *armées contiendront pendant le temps*
« *nécessaire les efforts de l'ennemi. Dans*
« *son mouvement de repli, chacune des*
« *3ᵉ, 4ᵉ et 5ᵉ armées tiendra compte*
« *des mouvements des armées voisines,*
« *avec lesquelles elle devra rester en*
« *liaison.* »

La ligne générale d'où doit partir le mouvement offensif appuie sa droite (3ᵉ armée) à Verdun : elle est jalonnée par l'Aisne, Craonne, Laon, La Fère, la région de Moy, Saint-Quentin, Vermand, la Somme, de Ham à Bray. Pour constituer progressivement le nouveau groupement de forces prévu vers Amiens, il est fait appel au 7ᵉ C. A. et à la 63ᵉ D. R.

venant d'Alsace, aux 55ᵉ et 56ᵉ D. R. venant de l'armée de Lorraine, aux 61ᵉ et 62ᵉ D. R. venant du camp retranché de Paris (1) et, ultérieurement, au 4ᵉ C. A. prélevé sur la 3ᵉ armée et à la 45ᵉ D. I. venant d'Afrique. L'ensemble qui constituera la 6ᵉ armée sera mis sous les ordres du général Maunoury disposant de l'état-major de l'ancienne armée de Lorraine.

A la gauche de la 6ᵉ armée doit se trouver le corps de cavalerie, puis sur la Somme, de Picquigny à la mer, un barrage tenu par des divisions territoriales.

Des divisions territoriales suffisaient à cette tâche, abritées par la Somme ; c'était plutôt un service de surveillance pour arrêter la cavalerie ennemie.

Le plan, précisé le 27 par une ins-

----

(1) Ordre général nᵒ 9, du 27 août.

truction particulière, comporte une offensive de la 6ᵉ armée sur la droite ennemie, en direction du N.-E. (1). Ce qu'on recherche, c'est un enveloppement de la droite ennemie.

Dans de telles circonstances, et alors que de la réussite de ce plan dépendait le sort du pays, tout s'effaçait devant sa réalisation et, quels que fussent les avantages particuliers que certains exécutants pensaient pouvoir remporter sur leur front, leur recherche ne comptait pas devant la nécessité de gagner la bataille d'ensemble qui, seule, importait. Si le succès de cette bataille, en nécessitant des prélèvements sur les armées de l'Est, privait celles-ci de quelques avantages particuliers possibles, mais sans lendemain et sans influence sur la situation générale, il

______

(1) **Instruction particulière** n° 19, du 27 août.

importait peu devant la gravité de la partie qui se jouait ailleurs.

Mais les circonstances ne permettent pas d'exécuter le plan envisagé sur le terrain initialement prévu. La retraite de l'armée anglaise est fortement gênée par l'ennemi, qui menace aussi, le 28 août, la zone de débarquement de la 6e armée. Une contre-attaque, exécutée le 29 août par le 5e armée, dans la région de Guise, donne bien un peu d'air à l'armée anglaise et à la 6e armée, mais pas assez pour que cette dernière puisse achever dans la zone indiquée sa concentration encore très incomplète.

— Vous voyez la difficulté de cette retraite. A chaque instant, il faut donner des coups de boutoir pour rester groupés.

Comme la condition essentielle du succès demeure le regroupement ordonné de nos forces et le maintien de leurs liaisons réciproques, il faut donc prescrire un nouveau mouvement de repli. La 5ᵉ armée devra profiter de son succès pour reporter ses forces derrière la Serre et la 6ᵉ armée reçoit comme direction générale de repli Paris, qu'il importe de couvrir pendant que Rouen est indiqué comme direction de retraite aux divisions territoriales de gauche.

Au maréchal French, qui estime le 30 ne pouvoir jouer un rôle immédiatement actif dans le dispositif à prévoir et demande à se replier derrière la Seine, vers Mantes, il est indiqué de se retirer d'abord par l'est de Paris, c'est-à-dire derrière la Marne, entre Meaux et Neuilly-sur-Marne sauf ultérieurement à se reporter vers l'ouest en contournant Paris vers le sud.

Le regroupement de nos forces, nécessaire pour la manœuvre projetée prime, pour le moment, en importance, toute autre considération. Il doit s'effectuer en ne cédant que le terrain strictement indispensable à sa bonne réalisation et au maintien absolu des liaisons de nos armées entre elles.

Cette idée est à plusieurs reprises rappelée aux armées et en particulier dans une note du 31 août, où il est en même temps instamment demandé au maréchal French « *de ne replier l'armée anglaise que si nous étions nous-mêmes obligés de céder du terrain.* »

C'est toujours cette nécessité de ne passer de nouveau à l'offensive prévue qu'avec des armées suffisamment reconstituées et soudées qui font considérer comme prématurée une attaque de la 6ᵉ armée dès le 31 août, date où le général Maunoury estime pouvoir (mais seulement s'il est absolument nécessaire) agir sur l'aile droite ennemie, mais où un vide qui existe entre nos

6ᵉ et 5ᵉ armées expose cette dernière à être enveloppée elle-même par la 1ʳᵉ armée allemande.

— Ce vide est produit par le repli de l'armée anglaise.

Aussi est-il encore indispensable de reprendre du champ pour assurer la cohésion et la soudure de nos forces.

Tandis qu'il est rappelé au général Maunoury que son rôle est de couvrir Paris, qu'il doit se replier sur la capitale et de se mettre dès maintenant en relations avec le gouverneur militaire (1), le cadre est fixé de la nouvelle offensive à préparer pour réaliser, quand les circonstances le permettront, le plan dès longtemps conçu.

Le mouvement débordant de l'ennemi sur la gauche de la 5ᵉ armée, insuffisamment arrêté par les troupes

____

(1) Télégramme du 1ᵉʳ septembre, 3 heures 20.

anglaises et la 6e armée, oblige l'ensemble de notre dispositif à pivoter autour de sa droite (Verdun) :

« *Dès que la 5e armée aura échappé*
« *à la menace d'enveloppement prononcée*
« *sur sa gauche, l'ensemble des 3e, 4e*
« *et 5e armées reprendra l'offensive. Le*
« *mouvement de repli peut conduire les*
« *armées à se retirer pendant un certain*
« *temps dans la direction générale nord-*
« *sud.*

« *On peut envisager comme limite du*
« *mouvement de recul, et sans que cette*
« *indication implique que cette limite*
« *devra être forcément atteinte, le mo-*
« *ment où les armées seraient dans la*
« *situation suivante :*

« *Un corps de cavalerie de nouvelle*
« *formation en arrière de la Seine, au*
« *sud de Bray.*

« *Ve armée, en arrière de la Seine,*
« *au sud de Nogent-sur-Seine.*

« *IVᵉ armée :*

« *Détachement Foch, en arrière de*
« *l'Aube :*

« *Gros en arrière de l'Ornain, à l'est*
« *de Vitry ;*

« *IIIᵉ armée au nord de Bar-le-*
« *Duc (1).* »

En outre, et toujours dans le but
de n'engager l'offensive prévue qu'avec
un front parfaitement soudé, alors que
le maréchal French proposait de choisir
une ligne de défense sur la « rivière
Marne » et de tenir avec l'armée anglaise
dans la région de Nanteuil-le-Haudouin,
lui est-il répondu que la situation générale ne permettra peut-être pas d'engager la bataille dans cette région, avec
le maximum de chances de succès, et
lui est-il suggéré de se retirer progressivement sur la rive gauche de la Seine,

---

(1) Instruction n° 4 du 1ᵉʳ septembre.

entre Melun et Juvisy, s'il en est besoin, pour maintenir sa liaison avec les armées françaises.

Enfin, pour le cas où le groupement de nos armées ne pourrait être suffisant sur la ligne indiquée plus haut, il est prescrit le 2 septembre (1) que la ligne générale jusqu'où les armées sont autorisées, tout en se liant, à pousser leur recul, peut aller jusqu'à Pont-sur-Yonne, Nogent-sur-Seine, Arcis-sur-Aube, Brienne-le-Château, Joinville. Le plan de la bataille projetée n'est pas modifié. L'armée anglaise est invitée à y participer : 1° en tenant la Seine de Melun à Juvisy ; 2° en débouchant sur le même front lorsque la 5° armée passera à l'attaque, pendant que la garnison de Paris doit simultanément agir en direction de Meaux.

____

(1) Note 3463 du 2 septembre.

Mais le 4 septembre au matin les circonstances deviennent favorables à la réalisation du plan projeté, le regroupement de nos forces est dès ce moment suffisant pour permettre à la 5e armée d'échapper à la manœuvre d'enveloppement dirigée contre sa gauche. Le dispositif recherché par l'instruction générale n° 4 du 1er septembre et qui doit permettre l'enveloppement de la droite allemande, paraît sur le point de se réaliser.

Il n'est donc pas nécessaire de prolonger la retraite jusqu'aux positions indiquées dans les instructions antérieures comme positions limites et le moment approche de passer à l'offensive. L'ordre en est donné pour le 6 septembre. Et la ligne de départ en pourra être beaucoup plus au nord que celle marquant la ligne extrême du recul autorisé puisqu'elle sera jalonnée par

le nord-est de Meaux, Changis, Coulommiers, Courtacon, Esternay, Sézanne,
le sud des marais de Saint-Gond, le
nord de Revigny.

La bataille engagée le 6 septembre et
dont le résultat devait être la victoire
sur les armées allemandes, a donc été
le résultat d'un plan conçu dès le
25 août, et pour l'exécution duquel les
circonstances ne furent enfin favorables
que le 6 septembre. La réalisation de
ce plan nécessita un repli auquel une
limite maxima avait été fixée et que les
conditions stratégiques permirent d'arrêter avant que fut atteinte cette limite.
Car ce repli n'avait d'autre but que de
permettre le regroupement ordonné et
soudé de nos forces, et c'était pour les
exécutants entrer tout à fait dans les
vues du commandement en chef que
de limiter leur recul au minimum, pour-
vu que, ce faisant, leurs liaisons fussent

intimement maintenues avec les unités voisines.

Durant toute cette période, au cours de laquelle un nouveau plan avait dû, par suite des circonstances, être substitué au plan primitif, c'était le sort des armes françaises et celui même de la France qui se jouaient. Tout s'effaçait devant cette considération et ce n'était certes pas le moment de songer à réoccuper Briey, que celui où, pour réussir la manœuvre envisagée et reprendre l'ascendant sur l'ennemi, il fallait commencer par lui abandonner, bien à contre-cœur, une partie du territoire national.

C. — *Après la bataille de la Marne.*

Les armées ennemies battues se replient. La poursuite est engagée. Tandis que nos armées de gauche ont pour mission de chercher à déborder l'aile droite allemande vers l'ouest, nos armées du centre concentrent leur effort sur le centre et la gauche ennemis, la 3ᵉ armée doit chercher à couper les communications de l'ennemi (1) en entamant une offensive énergique vers le nord par les terrains libres entre l'Argonne et Meuse en s'appuyant sur les Hauts-de-Meuse et la place de Verdun et en assurant la couverture de son flanc droit (2).

Mais bientôt, par des raisons diverses,

______

(1) Instruction particulière nº 22, du 11 septembre.

(2) Instruction particulière pour la 3ᵉ armée, du 12 septembre.

la poursuite doit s'arrêter. L'ennemi, qui a laissé entre nos mains des prisonniers et du matériel fait tête. La 6e armée, bien que renforcée, fait des efforts infructueux pour réaliser l'enveloppement tactique de la droite allemande.

L'ennemi cherche à parer à notre manœuvre enveloppante en tentant de son côté la même manœuvre sur notre gauche. C'est la course à la mer qui commence, transportant tout l'intérêt vers notre aile gauche, à laquelle doivent aller constamment nos renforts, vers laquelle la décision peut être cherchée et cette course à la mer se termine un peu plus tard, après les batailles de la région d'Ypres, par une stabilisation de cette partie du front comme des autres. Si les Allemands n'ont pu être tournés du moins ont-ils été empêchés de nous tourner à leur tour et de gêner les communications anglaises.

Pendant toute cette période, c'est vers notre gauche que se portaient forcément tous les regards parce que c'était de ce côté que se jouait le sort de la bataille. Le reste du front, que ce fût Briey ou tout autre point, demeurait d'un intérêt secondaire.

Quant, en hiver 1915, le front se fût partout stabilisé, la question qui se posa fut de le rompre, pour exploiter ensuite au maximum les conséquences de la rupture. Et là encore ce qui importait, c'était de rechercher le ou les points de rupture, non pas dans tel ou tel but particulier, comme pouvait l'être la réoccupation d'une région déterminée, mais bien de telle façon que, si la rupture était obtenue sur ces points, il dût s'ensuivre pour l'ennemi les conséquences les plus sérieuses, en particulier celle d'être obligé de replier son front sur une profondeur maxima. Ce sont les considérations qui ont guidé le commandant en chef sur le choix des points d'attaque. Il était du devoir des commandants d'armée d'étudier les possibilités d'action sur la partie du front situé devant eux et de soumettre leurs projets au commandant en chef C'était le droit et c'était même le devoir de ce dernier, de faire un choix parmi ces projets, connaissant seul, en effet, les moyens dont il disposait pour ces opérations, seul il pouvait juger si ces projets étaient exécutables ; seul aussi il pouvait se rendre compte, s'ils étaient susceptibles de produire des résultats stratégiques importants et conformes au but général poursuivi, qui demeure toujours : battre l'ennemi.

JOFFRE.

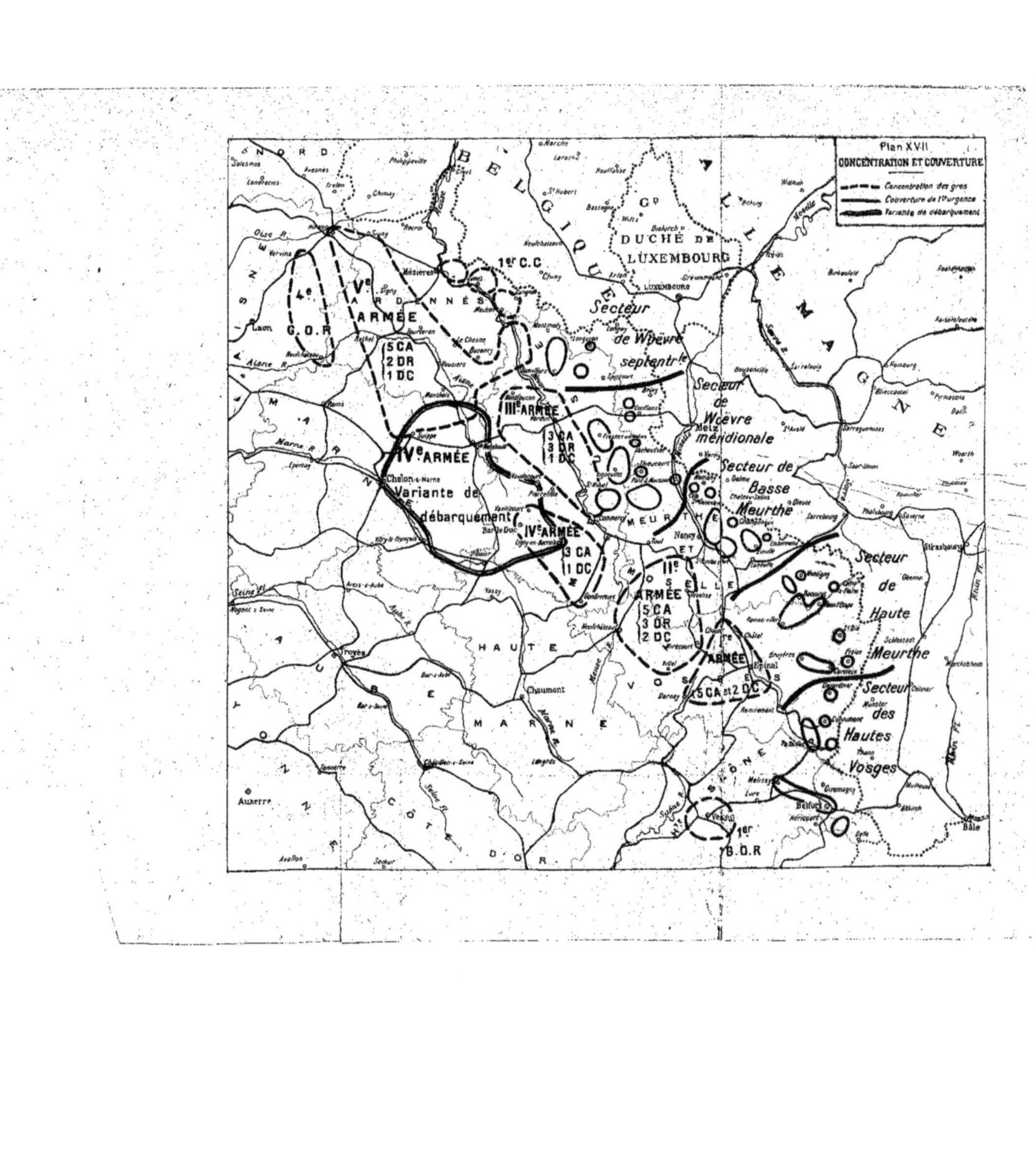

Plan XVII
CONCENTRATION ET COUVERTURE
Concentration des gros
Couverture de l'urgence
Variante de débarquement

NORD
BELGIQUE
ALLEMAGNE
Gd DUCHÉ DE LUXEMBOURG
ARDENNES
1er C.C
Secteur de Woëvre septentrle
Secteur de Woëvre méridionale
Ve ARMÉE
G.D.R
5 CA
2 DR
1 DC
IIIe ARMÉE
3 CA
3 DR
1 DC
IVe ARMÉE
Variante de débarquement
IVe ARMÉE
3 CA
1 DC
IIe ARMÉE
5 CA
3 DR
2 DC
Secteur de Basse Meurthe
MEURTHE ET MOSELLE
Secteur de Haute Meurthe
Secteur des Hautes Vosges
VOSGES
ARMÉE
5 CA et 2 DC
HAUTE MARNE
CÔTE D'OR
YONNE
SAONE
1er B.D.R
Strasbourg
Bâle

A N N E X E S

I

Pièces originaires du G. Q. G.

A N N E X E S

I

Pièces originaires du G. Q. G.

Paris, le 5 août, 7 h. 20,

7 h. 45, 2ᵉ corps.

I. Avions et dirigeables français autorisés à survoler le territoire belge. Mais les troupes belges ayant hier encore l'ordre de tirer sur tous les navires aériens et le contre-ordre pouvant n'être pas connu de tout le monde, il importe que nos pilotes volent assez haut.

II. Des reconnaissances de cavalerie sont également autorisées à pénétrer en territoire belge ; mais elles ne peuvent être appuyées encore par de trop gros détachements.

Il importe de profiter, dès maintenant, avec discrétion, de cette autorisation en vue d'occuper au plus près de la frontière luxembourgeoise les routes partant du front Virton-Stavelot et se dirigeant vers l'ouest.

III. Recommandation expresse sera faite aux détachements de se considérer comme en pays ami et allié, de n'exercer aucune réquisition avant que la convention en voie de conclusion ne soit connue, de ne rien acheter qu'à l'amiable et en payant comptant.

Le Général commandant en chef,

J. JOFFRE.

5 *août* 1914, *à* 12 *h.* 20.

Le Général commandant en chef
aux Généraux commandant les 20ᵉ,
2ᵉ, 6ᵉ, 7ᵉ, 21ᵉ corps.

La guerre ayant été déclarée, il n'est plus apporté aucune restriction aux opérations de couverture qui peuvent s'exécuter telles qu'elles résultent des missions attribuées aux différents secteurs.

(Spécial au 21ᵉ corps).

En conséquence, vous êtes autorisé à occuper les passages des Vosges, du col du Bonhomme à la trouée de Saales (inclus).

(*Message téléphoné, confirmé par télégramme.*)

J. JOFFRE.

Pour ampliation :

Le major général,

BELIN.

Armées de l'Est.

État-Major général

3e *Bureau.*

Vitry-le-François, 8 août 1914.

Instruction générale n° 1.

I. Devant les 1re et 2e Armées, les forces ennemies ne paraissent pas dépasser la valeur de six corps d'armée environ. Autour de Metz, devant Thionville et dans le Luxembourg semble devoir être le Groupe principal des armées allemandes, établi pour déboucher vers l'Ouest.

Au Nord, une armée allemande a pénétré en Belgique et est engagée — en partie — contre les forces belges.

II. L'intention du général commandant en chef est de rechercher la bataille toutes forces réunies, en appuyant au Rhin la droite de son dispositif général. Il reporterait, au besoin, en arrière, la gauche de ce dispositif, pour éviter un engagement qui pourrait être décisif pour l'une des armées avant le moment où les autres seraient en mesure de l'appuyer.

Mais il est aussi possible que nous ayons le temps de porter notre aile gauche en avant, dans l'hypothèse où la droite allemande serait retardée devant Liége ou se rabattrait au sud.

Initialement le rassemblement des armées et le mouvement offensif général sont à prévoir dans les conditions suivantes :

III. La 1re armée prendra pour objectif l'armée allemande de Sarrebourg-le Donon-vallée de la Bruche et cherchera à la mettre hors de cause en la rejetant sur Strasbourg et la Basse-Alsace.

La zone d'action de la 1re armée sera limitée au nord par la ligne incluse Charmes, Saint-Germain, Borville, Morviller, Gerbeviller, Fraimbois, Marainvillers, Emberménil, Moussey, Dianne Capelle, Fenestrange.

Le 7e corps facilitera l'attaque du gros de l'armée en gagnant rapide-

ment sur Colmar et Schlestadt ; il assurera la sécurité sur sa droite, en détrui-
sant les ponts du Rhin et en masquant
Neuf-Brisach.

La 8e division de cavalerie lui sera
adjointe.

Ultérieurement et successivement le
1er groupe de divisions de réserve ren-
forcé par les divisions de réserve des
Alpes, sera chargé de la surveillance de
Neuf-Brisach, de l'investissement de
Strasbourg et de la protection de la
Haute-Alsace.

IV. La 2e armée, se couvrant face à
Metz, agira offensivement en direction
générale de Sarrebrück, sur le front
Delme, Château-Salins, Dieuze, en se
reliant à la 1re armée par la région des
Etangs.

Elle réservera, à la disposition du
général en chef, ses deux corps d'armée
de gauche dans la région Bernécourt,
Rosières-en-Haye, prêts à s'engager
face au nord.

V. La 3e armée s'établira sur le front

Flabas, Ornes, Vigneulles, Saint-Baussant, prête à agir dans la direction du nord, l'aile gauche marchant sur Damvillers ou à contre-attaquer toutes les forces qui déboucheraient de Metz.

Dans le premier cas, les deux corps de gauche de la 2e armée pourraient être rattachés à la 3e armée pour la bataille.

VI. La 4e armée, réunie entre Servon, Aubreville et Souilly, se tiendra prête à attaquer, entre Meuse et Argonne, les forces adverses qui auraient franchi la Meuse au nord de Vilosnes ou à passer elle-même la rivière, au nord de Verdun.

Dès maintenant, le 2e corps est rattaché à la 4e armée. Ce dernier corps évitera de se laisser accrocher par des forces supérieures, et il viendrait, s'il était menacé, s'appuyer à la place de Verdun en conservant la plus grande partie de ses forces sur la rive droite de la Meuse, entre Sivry-sur-Meuse et Flabas.

VII. La 5ᵉ armée resserrera son dispositif entre Vouziers et Aubenton de manière à pouvoir monter une attaque **en force** sur tout ce qui déboucherait entre Moùzon et Mézières (inclusivement) ou, le cas échéant, franchir, elle-même, la Meuse, entre ces deux points.

VIII. Les zones d'action entre les 3ᵉ, 4ᵉ et 5ᵉ armées sont limitées : **par la route** Bar-le-Duc, Vavincourt, Chaumont-sur-Aire, Souilly, Verdun, Vacherauville, Flabas.

Et par la route Souhain, Tahure, Séchault, Senne, Grandpré, Harricourt, Sommanthe. Ces deux routes seront à la 4ᵉ armée.

Le 4ᵉ corps d'armée devra se resserrer dans la zone de son armée pour faire place au 2ᵉ corps.

IX. Le corps de cavalerie couvrira, au début, le front de la 5ᵉ armée. Dans le cas où ce corps serait dans l'obligation de repasser la Meuse, il se tiendrait à la gauche de la 5ᵉ armée (région Chimay-Marienbourg) pour protéger la réunion de l'armée anglaise et du 4e groupe de division de réserve.

La 4e division de cavalerie, sera remise aux ordres du commandant de la 5e armée, dès que le corps de cavalerie commencera à découvrir le front de cette armée.

X. Le 4e groupe de divisions de réserve organisera une position autour de Vervins, de manière à s'assurer un débouché soit face au nord soit face à l'est. Il sera porté dans cette région au fur et à mesure des débarquements et les travaux seront entrepris immédiatement.

XI. Les commandants d'armée prépareront dès à présent leurs ordres en vue de l'exécution de l'offensive générale visée ci-dessus, de manière qu'ils puissent être expédiés dès réception du télégramme d'exécution.

Le Général commandant en chef,
Signé : J. JOFFRE.

Armées de l'Est

État-Major Général

3e *Bureau*
1102.

Q. G , le 16 août 1914.

Ordre particulier n° 11.

[1]En vue de permettre au général commandant la 3e armée de concentrer plus particulièrement son attention sur les opérations offensives de son armée, les éléments ayant une mission d'ordre défensif seront, à partir du 17 août midi, placés sous le commandement de M. le général Paul Durand qui continuera, d'ailleurs à relever du général commandant la 3e armée.[2]

Le groupement des forces placées sous le commandement de M. le général Durand comprendra, en outre du 3e groupe de divisions de réserve, la 67e division de réserve qui, venant du camp de Châlons par voie de terre, atteindra, le 18 août, en fin de marche, la région Nixéville-Dombasle (Q. G.) où le général Durand lui fera parvenir ses ordres.

Les plans de Toul et de Verdun seront à partir du 16 août midi, sous l'autorité du général Durand dans les conditions indiquées par l'article 144 du décret sur la conduite des grandes unités. Le général Durand jouira, à cet égard, des droits d'un commandant d'armée.

La mission du groupement de forces du général Durand sera de commencer l'investissement du front sud-ouest de Metz d'une manière très progressive et d'arrêter sur les positions organisées entre Toul et Verdun, toute tentative de l'ennemi visant la rupture du front.

Le 18e corps d'armée sera, dans la journée, remplacé sur les points qu'il occupe par la division de réserve de Toul.

L'instruction particulière nᵒ 9, en date du 15 août, 15 h. 30, sera communiquée par la 3e armée au général Durand, pour exécution.

Signé : J. JOFFRE.

Télégramme du général en chef au Ministre de la Guerre.

18 *août* 1914, 8 *h*. 15.

Nous avons occupé toute la région des étangs jusqu'à l'ouest de Fenestrange. Nos troupes débouchent de la Seille dont une partie des passages ont été évacués par les Allemands. Notre cavalerie est à Château-Salins.

D'une façon générale, nous avons obtenu, au cours des journées précédentes, des succès importants et qui font le plus grand honneur à la troupe dont l'ardeur est incomparable et aux chefs qui la conduisent au combat.

Signé : J. Joffre.

ORDRE PARTICULIER N° 14.

19 *août* 1914.

Les troupes destinées à masquer tout d'abord la place de Metz à l'ouest et au sud, puis à poursuivre l'investissement du camp retranché sont placées sous les ordres du général Maunoury.

Elles constitueront l'armée de Lorraine. Le général Maunoury disposera immédiatement du 3ᵉ groupe de divisions de réserve primitivement affecté à la IIIᵉ armée, outre la 67ᵉ division de réserve qui vient d'arriver à Verdun, des places de Toul et de Verdun sur lesquelles le général Maunoury aura droit de commandement d'armée.

Le général Maunoury disposera également des 65ᵉ et 75ᵉ divisions de réserve qui débarquent du 21 au 25 août de la région de Sorcy Void.

Le général Maunoury disposera ultérieurement du 2ᵉ groupe de divisions de réserve actuellement rattaché à la IIᵉ armée, des 64ᵉ et 74ᵉ divisions de réserve qui débarquent du 21 au 23 août dans la région Lunéville-Bayon-Dombasle.

Ces deux divisions et le 2ᵉ groupe de divisions de réserve seront maintenus à la disposition du commandement de la IIᵉ armée jusqu'à ce que l'action engagée par cette armée dans la région de Dreuze-Château-Salins ait reçu une solution.

La mission confiée aux troupes placées sous les ordres du général Maunoury consiste à préparer progressivement l'investissement du camp retranché de Metz d'après les indications données respectivement aux commandants des IIIᵉ et IIᵉ armées par l'instruction particulière n° 9 du 15 août et par télégramme du 18 août. Toutefois, pendant l'exécution des travaux, de fortes réserves devront être maintenues sur les organisations défensives effectuées à l'est de Nancy et sur les Hauts-de-Meuse de façon à garantir en tout état de cause l'inviolabilité des fronts organisés dans ces deux régions.

NOTA. — L'ordre n° 11 en date du 16 août est annulé. La IIIe armée n'aura plus à s'occuper des éléments ci-dessus que pour assurer par sa D. E. S. les ravitaillements et l'évacuation.

P. C. C.

Général Verrier.

Note pour toutes les Armées.

Au grand Quartier général,

le 24 août 1914.

Il résulte des renseignements recueillis par les combats livrés jusqu'à ce jour que les attaques ne sont pas exécutées par une combinaison intime de l'infanterie et de l'artillerie ; toute opération d'ensemble comporte une série d'actions de détail visant à la conquête des points appui.

Chaque fois que l'on veut conquérir un point d'appui, il faut préparer l'attaque avec l'artillerie, retenir l'infanterie et ne la lancer à l'assaut qu'à une distance où on est certain de pouvoir atteindre l'objectif.

Toutes les fois que l'on a voulu lancer l'infanterie à l'attaque de trop loin, avant que l'artillerie ait fait sentir son action, l'infanterie est tombée sous le feu des mirailleuses et a subi des pertes qu'on aurait pu éviter.

Quand un point d'appui est conquis, il faut l'organiser immédiatement, se retrancher, y amener de l'artillerie pour empêcher tout retour offensif de l'ennemi.

L'infanterie semble ignorer la nécessité de s'organiser au combat pour la durée. Jetant, de suite. en ligne des unités nombreuses et denses, elle les expose immédiatement au feu de l'adversaire qui les décime, arrête, ainsi, net, leur offensive et les laisse souvent à la merci d'une contre-attaque.

C'est au moyen d'une ligne de tirailleurs suffisamment espacés et entretenue continuellement que l'infanterie, soutenue par l'artillerie, doit mener le combat, le faisant ainsi durer jusqu'au moment où l'assaut peut être judicieusement donné.

Les divisions de cavalerie allemande agissent toujours précédées de quelques bataillons transportés en automobile. Jusqu'ici, les gros de cavalerie ne se sont jamais laissé approcher par notre cavalerie. Ils progressent derrière leur infanterie et, de là, lancent des éléments de cavalerie (patrouilles et reconnaissances) qui viennent chercher appui auprès de leur infanterie aussitôt qu'ils sont attaqués. Notre cavalerie poursuit ces éléments et vient se heurter à des barrages solidement tenus. Il importe que nos divisions de cavalerie aient toujours des soutiens d'infanterie pour les appuyer et pour augmenter leurs qualités offensives.

Il faut aussi laisser aux chevaux le temps de manger et de dormir. Faute de quoi, la cavalerie est usée prématurément avant d'avoir été employée.

Signé : J. JOFFRE.

Instruction générale nº 2.

Au grand Quartier général,

le 25 août 1914, 22 h.

I. La manœuvre offensive projetée n'ayant pu être exécutée, les opérations ultérieures seront réglées de manière à reconstituer, à notre gauche, par la jonction des 4ᵉ et 5ᵉ armées, de l'armée anglaise et de forces nouvelles prélevées sur la région de l'Est, une masse capable de reprendre l'offensive pendant que les autres armées contiendront, le temps nécessaire, les efforts de l'ennemi.

II. Dans son mouvement de repli, chacune des 3ᵉ, 4ᵉ, 5ᵉ armées tiendra compte des mouvements des armées voisines avec lesquelles elle devra rester en liaison.

Le mouvement sera couvert par des arrière-gardes laissées sur les coupures favorables du terrain, de façon à utiliser tous les obstacles pour arrêter par des contre-attaques, courtes et violentes, dont l'élément principal sera l'artillerie, la marche de l'ennemi, ou tout au moins la retarder.

III. Limite des zones d'action entre les différentes armées :

Armée W (Armée britannique) : Au Nord-Est de la ligne de Cateau - Vermand et Nesle incluse;

4ᵉ et 5ᵉ armées : Entre cette dernière ligne excluse à l'Ouest et la ligne Stenay, Grandpré, Suippes, Condé-sur-Marne à l'Est (incluse);

3ᵉ armée y compris l'armée de Lorraine : Entre la ligne Sassey, Fléville, Ville-sur-Tourbe, Vitry-le-François (incluse) à l'Ouest et la ligne Vigneulles, Void, Gondrecourt (incluse) à l'Est.

IV. A l'extrême-gauche, entre Picquigny et la mer, un barrage sera tenu sur la Somme par les divisions territoriales du Nord ayant comme réserve la 61ᵉ et la 62ᵉ divisions de réserve.

V. Le corps de cavalerie sur l'Authie prêt à suivre le mouvement en avant de l'extrême-gauche.

VI. En avant d'Amiens, entre Domart-en-Ponthieu et Corbie, ou en arrière de la Somme, entre Picquigny et Villers-Bretonneux, un nouveau groupement de forces sera constitué par des éléments transportés en chemin de fer (7ᵉ corps, 4 divisions de réserve, et peut-être un autre corps d'armée actif), sera groupé du 27 août au 2 septembre.

Ce groupement sera prêt à passer à l'offensive en direction générale Saint-Pol-Arras ou Arras-Bapaume.

VII. L'armée W (britannique) en arrière de la Somme, de Braye-sur-Somme à Ham, prête à se porter soit vers le Nord sur Bertincourt, soit vert l'Est sur le Catelet.

VIII. La 5ᵉ armée aura le gros de ses forces dans la région Vermand-Saint-Quentin-Moy (front offensif) pour déboucher en direction générale de Bohain, sa droite tenant la ligne La Fère-Laon-Craonne-Saint-Erme.

IX. 4ᵉ armée : en arrière de l'Aisne, sur le front Guignicourt-Vouziers ou, en cas d'impossibilité, sur le front Berry-au-Bac, Reims, Montagne de Reims, en se réservant toujours les moyens de prendre l'offensive face au nord.

X. 3ᵉ armée : appuyant sa droite à la place de Verdun et sa gauche au défilé de Grandpré ou à Varennes-Sainte-Menehould.

XI. Toutes les positions indiquées devront être organisées avec le plus grand soin de manière à pouvoir y offrir le maximum de résistance à l'ennemi. On partira de cette situation pour le mouvement offensif.

XII. Les 1ʳᵉ et 2ᵉ armées continueront à maintenir les forces ennemies qui leur sont opposées. En cas de repli forcé, elles auront comme zone d'action :

2e armée : Entre la route Frouard-Toul, Vaucouleurs (inclus) et la route Bayon-Charmes-Mirecourt-Vittel-Clefmont (inclus).

1re armée : Au Nord de la route Chatel-Dompaire-Lamarche-Montigny-le-Roi (inclus).

Le général commandant en chef,

Signé : J. Joffre.

Pour ampliation :

Le major général,

Signé : Belin.

Note relative a l'emploi de l'artillerie

27 août 1914.

Les commandants d'armée appelleront de nouveau et de la façon la plus énergique, l'attention des troupes sous leurs ordres sur la nécessité absolue d'assurer une liaison complète entre l'infanterie et l'artillerie. Jusqu'à présent, cette liaison n'a pas été obtenue partout. L'une a attaqué avec trop de rapidité. L'autre s'est souvent engagée avec lenteur, hésitation et parcimonie. C'est à cette erreur capitale que sont imputables la plupart des pertes supportées par notre infanterie.

D'autre part, l'action des batteries est insuffisamment coordonnée. On a souvent l'impression de troupes s'engageant isolément et tirant d'après l'initiative des seuls capitaines.

En outre, il y a lieu de généraliser l'emploi fait avec succès par plusieurs corps d'armée du tir du 75 à très grande distance, avec crosse enterrée.

Enfin, il convient d'imiter nos adversaires qui utilisent dans une large mesure les avions pour préparer leurs attaques. Ces avions survolent le terrain en avant du front et permettent à l'artillerie de prendre sous son feu à l'extrême portée de ses pièces, nos rassemblements et nos colonnes sans que nous puissions déterminer, même d'une façon approximative, les emplacements des batteries.

Maintenant que le contact est pris sur tout le front des armées, le nombre des avions nécessaires à l'exploration stratégique a beaucoup diminué. Les commandants des armées mettront donc, dorénavant, à la disposition des commandants de corps d'armée et de divisions de réserve un certain nombre d'avions qui seront spécialement employés :

1° A découvrir les objectifs ;

2° A donner aux batteries tous renseignements nécessaires pour l'exécution du tir.

Les expériences faites à ce sujet depuis plusieurs années sont assez nombreuses pour que, dans chaque corps d'armée ou division de réserve, le commandant de l'artillerie puisse, après renseignements pris auprès du Service de l'Aviation, prendre les mesures d'exécution nécessaires.

Le Général commandant en chef,

J. JOFFRE.

TÉLÉGRAMME

*Au Général commandant en chef
la 4ᵉ Armée.*

27 août 1914.

Je ne vois pas d'inconvénient à ce
que vous restiez sur vos positions demain **28** août, afin d'affirmer votre succès et de montrer que notre repli est
purement stratégique. Mais, le **29**, tout
le monde doit être en retraite.

Signé : JOFFRE.

ORDRE AUX 1ⁱᵉ ET 2ᵉ ARMÉES.

28 *août* 1914.

Il s'agit pour la 1ʳᵉ et la 2ᵉ armée de
durer, tout en fixant les forces ennemies qui leur sont opposées et en restant liées entre elles.

Signé : JOFFRE.

ORDRE A LA 5ᵉ ARMÉE.

28 *août* 1914.

La 5ᵉ armée attaquera le plus tôt
possible les forces qui se sont engagées
hier contre les Anglais.

Signé : JOFFRE.

G. Q. G.

DES ARMÉES DE L'EST

État-major 3ᵉ Bureau

INSTRUCTION GÉNÉRALE Nº 4.

1ᵉʳ septembre 1914.

I. Malgré les succès tactiques des 3ᵉ, 4ᵉ et 5ᵉ armées, obtenus dans la région de la Meuse et à Guise, le mouvement débordant effectué par l'ennemi sur l'aile gauche de la 5ᵉ armée, insuffisamment arrêté par les troupes anglaises et la 6ᵉ armée, oblige l'ensemble de notre dispositif à pivoter autour de sa droite.

Dès que la 5ᵉ armée aura échappé à la menace d'enveloppement, les armées reprendront l'offensive.

II. Le mouvement de repli peut conduire les armées à se retirer dans la direction générale nord-sud pendant un certain temps.

La 5ᵉ armée, à l'aile marchante, ne doit, en aucun cas, laisser l'ennemi saisir sa gauche; les autres armées, moins pressées dans l'exécution de leur mouvement, pourront s'arrêter, faire face à l'ennemi et saisir toute occasion favorable pour lui infliger un échec.

Les commandants d'armée feront en sorte de ne pas découvrir les armées voisines, resteront en liaison constante et s'enverront constamment les renseignements qu'ils ont pu obtenir.

III. Les lignes séparant les zones de marche des armées sont :

Entre les 5ᵉ et 4ᵉ armées (détachement Foch) : route Reims-Epernay (à la 4ᵉ armée); route Montmort, Sézanne, Romilly (à la 5ᵉ armée);

Entre les 4ᵉ et 3ᵉ armées : route Grandpré, Sainte-Menehould-Revigny (4ᵉ armée);

Dans la zone de la 4ᵉ armée, le détachement Foch sera en liaison constante avec la 5ᵉ armée. L'intervalle compris entre ce détachement et le gros de la 4ᵉ armée étant surveillé par les 7ᵉ et 9ᵉ divisions de cavalerie relevant de la 4ᵉ armée et appuyées par des détachements d'infanterie fournis par cette armée.

La 3ᵉ armée effectuera son mouvement à l'abri des Hauts-de-Meuse.

IV. On peut envisager comme limite du mouvement de recul, et sans que cette indication implique que cette limite devra être forcément atteinte, le moment où les armées seraient dans la situation suivante :

a) Un corps de cavalerie de nouvelle formation en arrière de la Seine, au sud de Braye ;

b) La 5ᵉ armée en arrière de la Seine, au sud de Nogent-sur-Seine ;

c) La 4ᵉ armée (détachement Foch) en arrière de l'Aube, au sud d'Arcis-sur-Aube ; le gros en arrière de l'Ornain, au sud de Vitry ;

d) La 3ᵉ armée au nord de Bar-le-Duc. La 3ᵉ armée serait, à ce moment, renforcée par les divisions de réserve qui abandonneraient les Hauts-de-Meuse pour participer au mouvement offensif.

Si les circonstances le permettent, des fractions des 1re et 2e armées seraient rappelées en temps opportun pour participer à l'offensive.

Enfin, les troupes mobiles du Camp Retranché de Paris pourraient prendre part également à l'action générale.

Signé : J. JOFFRE.

GRAND QUARTIER GÉNÉRAL
———
*Aux Armées du Nord
et du Nord-Est.*

Au G. Q. G.
le 2 septembre 1914.

*Le Général commandant en Chef
à M. le maréchal French,
commandant en chef des forces anglaises*

Monsieur le Maréchal,

J'ai l'honneur de vous adresser mes remerciements pour les propositions que vous avez bien voulu soumettre au Gouvernement de la République, relatives à la coopération de l'armée anglaise, et qui m'ont été communiquées.

La situation actuelle de la V⁰ armée ne permet pas à cette armée d'assurer à l'armée anglaise un appui suffisamment efficace sur la droite.

En raison des événements qui se sont passés depuis deux heures, je ne crois pas possible actuellement d'envisager une manœuvre d'ensemble sur la Marne, avec la totalité de nos forces. Mais j'estime que la coopération de l'armée anglaise est la seule qui puisse donner un résultat avantageux dans les conditions exposées par la lettre ci-jointe que j'adresse à M. le Ministre de la Guerre, et dont j'ai l'honneur de vous faire parvenir la copie.

Veuillez agréer, Monsieur le Maréchal, l'expression de ma haute considération, et de mes sentiments de cordiale camaraderie.

JOFFRE.

Grand Quartier Général

*Aux Armées du Nord
et du Nord-Est.*

Au G. Q. G.
le 2 septembre 1914.

*Le Général commandant en Chef
à M. le Ministre de la Guerre.*

J'ai reçu les propositions du maréchal French, que vous avez bien voulu me communiquer; elles tendent à organiser sur la Marne une ligne de défense qui serait tenue par des éléments suffisamment denses en profondeur et particulièrement renforcés derrière le flanc gauche.

Les emplacements actuels de la Ve armée ne permettent pas de réaliser le programme tracé par le maréchal French et d'assurer à l'armée anglaise, en temps voulu, une aide efficace sur la droite.

Par contre, l'appui de l'armée du général Maunoury, qui doit se porter à

la défense des fronts nord-est de Paris,
est toujours assuré à l'armée anglaise
sur la gauche; celle-ci pourrait, dans
ces conditions, tenir sur la Marne pendant quelque temps, puis se retirer sur
la rive gauche de la Seine, qu'elle tiendrait de Melun à Juvisy ; les forces anglaises participeraient ainsi à la défense
du camp retranché, et leur présence
serait, pour les troupes du camp retranché, un précieux réconfort.

Je dois ajouter que des instructions
viennent d'être données aux armées, en
vue de coordonner leurs mouvements,
et qu'il pourrait être désavantageux de
modifier ces instructions. Elles tendent
à placer nos troupes dans un dispositif
leur permettant de prendre l'offensive
dans un délai assez rapproché. La date
de leur mouvement en avant sera communiquée au maréchal French, afin de
permettre à l'armée anglaise de participer à l'offensive générale.

JOFFRE.

G. Q. G.

DES ARMÉES DE L'EST

État-major 3e Bureau

N° 3463

PERSONNEL ET SECRET

2 septembre 1914.

Le plan général d'opérations de l'Instruction générale n° 4 vise les points suivants :

a) Soustraire les armées à la pression de l'ennemi et les amener à s'organiser et à se fortifier dans la zone où elles s'établiront en fin de repli ;

b) Établir l'ensemble de nos forces sur une ligne générale marquée par Pont-sur-Yonne, Nogent-sur-Seine, Arcis-sur-Aube, Brienne-le-Château, Joinville (par modification au paragraphe 4 de l'Instruction générale n° 4) sur laquelle elles se recompléteront par les envois des dépôts ;

c) Renforcer les armées de gauche par deux corps prélevés sur les armées de Nancy et Epinal ;

d) A ce moment, passer à l'offensive sur tout le front ;

e) Couvrir notre aile gauche par toute la cavalerie disponible entre Montereau et Melun ;

f) Demander à l'armée anglaise de participer à la manœuvre :

1° En tenant la Seine, de Melun à Juvisy ;

2° En débouchant sur le même front lorsque le 6ᵉ armée passera à l'attaque ;

g) Simultanément, la garnison de Paris agirait en direction de Meaux.

Le Général commandant en chef
JOFFRE.

P. O.
Le major général
BELIN.

Lettre au maréchal French.

2 septembre 1914.

L'armée anglaise n'a pas hésité à lancer toute sa force contre l'ennemi qui était en nombre très supérieur et, ce faisant, a contribué, de la manière la plus efficace, à la sécurité de l'aile gauche de l'armée française.

Elle a fait preuve, dans sa tâche, d'un dévouement, d'une énergie et d'une persévérance auxquels j'estime qu'il est de mon devoir de rendre hommage et ces mêmes qualités qu'elle montrera encore demain rendront certain le triomphe de notre cause commune. L'armée française n'oubliera jamais les services rendus.

Elle s'est inspirée du même esprit de sacrifice et de détermination de vaincre qui anime les forces britanniques et elle paiera largement sa dette de gratitude dans les prochaines batailles.

Signé : Joffre.

Ordre général n° 11

2 septembre 1914.

Une partie de nos armées se replie pour resserrer leur dispositif, recompléter leurs effectifs et se préparer, avec toutes chances de succès, à l'offensive générale que je donnerai l'ordre de reprendre dans quelques jours.

Le salut du pays dépend du succès de cette offensive qui doit, en concordance avec la poussée de nos alliés russes, rompre les armées allemandes que nous avons déjà sérieusement entamées sur différents points.

Chacun doit être prévenu de cette situation et tendre ses énergies pour la victoire finale.

Les précautions les plus minutieuses, comme les mesures les plus draconiennes, seront prises pour que le mouvement de repli s'effectue avec un ordre complet afin d'éviter les fatigues inutiles.

Les fuyards, s'il s'en trouve, seront pourchassés et passés par les armes.

Les commandants d'armée feront donner des ordres aux dépôts pour que, d'urgence, ceux-ci envoient aux corps le nombre, très largement calculé, des hommes nécessaires pour compenser les pertes faites et celles à prévoir dans les prochaines journées.

Il faut aussi que les effectifs soient aussi complets que possible, les cadres reconstitués par des promotions et le moral de tous à la hauteur des nouvelles tâches, pour la prochaine reprise du mouvement en avant qui nous donnera le succès définitif.

Signé : JOFFRE.

G. Q. G.
DES ARMÉES DE L'EST

Etat-major 3ᵉ Bureau.   *4 septembre, 2 h. 55.*

3.696

En réponse à votre lettre 622, j'ai l'honneur de vous faire connaître qu'il n'est pas dans mes intentions d'associer les troupes territoriales du camp retranché de Paris aux opérations des armées en campagne dans le voisinage de la place, en raison des faibles capacités manœuvrières de ces troupes.

Par contre, je me réserve de vous demander la participation des troupes actives et de réserve de la garnison à ces opérations particulièrement pour agir en direction de Meaux, lors de la reprise de l'offensive prévue par l'Instruction générale n° 4 et de la note 3.463 dont je vous adresse ci-joint un exemplaire.

JOFFRE.

AU GÉNÉRAL GALLIÉNI

4 septembre, 13 h.

Mon cher Camarade,

Je vous envoie dans une lettre officielle les instructions relatives à l'action militaire des forces sous vos ordres. Vous recevrez en même temps copie d'une lettre que j'adresse à French. Dès maintenant, une partie des forces du général Maunoury peut être poussée vers l'Est comme menace sur la droite allemande, afin que la gauche anglaise se sente appuyée de ce côté. Il est utile de le faire savoir au général French et d'entretenir de fréquentes relations avec lui.

JOFFRE.

ORDRE GÉNÉRAL

du 4 septembre 1914.

I. Il convient de profiter de la situation aventurée de la première armée allemande pour concentrer sur elle les efforts des armées alliées d'extrême gauche. Toutes dispositions seront prises, dans la journée du 5 septembre, en vue de partir à l'attaque le 6 ;

II. Le dispositif à réaliser pour le 5 septembre au soir sera :

a) Toute les forces disponibles de la 6ᵉ armée, au nord-est de Meaux, prêtes à franchir l'Ourcq, entre Lizy-sur-Ourcq et May-en-Multien, en direction générale de Château-Thierry. Les éléments disponibles du 1ᵉʳ corps de cavalerie (général Sordet) qui sont à proximité seront remis aux ordres du général Maunoury pour cette opération ;

b) L'armée anglaise, établie sur le front Changis-Coulommiers, face à l'est, prête à attaquer en direction générale de Montmirail ;

c) La 5e armée, resserrant légèrement sur sa gauche, s'établira sur le front général Courtacon - Esternay - Sézanne, prête à attaquer en direction générale sud-nord, le 2e corps de cavalerie (général Conneau) assurant la liaison entre l'armée anglaise et la 5e armée ;

d) La 9e armée convrira la droite de la 5e armée, en tenant les débouchés sud des marais de Saint-Gond et en portant une partie de ses forces sur le plateau au nord de Sézanne ;

III. L'offensive sera prise par ces différentes armées le 6 septembre, dès le matin.

Les 4e et 3e armées reçurent leurs

instructions spéciales à la fin de la journée du 5 ;

4ᵉ armée :

— Demain, **6** septembre, nos armées de gauche attaqueront de front et de flanc les Iʳᵉ et IIᵉ armées allemandes.

La 4ᵉ armée, arrêtant son mouvement vers le Sud, fera tête à l'ennemi, en liant son mouvement à celui de la 3ᵉ armée qui débouchant au Nord de Revigny, prend l'offensive en se portant vers l'Ouest ;

3ᵉ armée :

La 3ᵉ armée, se couvrant vers le Nord-Est, débouchera vers l'ouest pour attaquer le flanc gauche des forces ennemies qui marchent à l'Ouest de l'Argonne

Elle liera son action à celle de la 4ᵉ armée, qui a l'ordre de faire tête à l'ennemi.

JOFFRE.

G. Q. G.
DES ARMÉES DE L'EST
—
Etat-Major; 3ᵉ Bureau.   *4 septembre.*
—
SECRET

INSTRUCTION GÉNÉRALE Nº 5.

L'arrivée des renforts provenant de la 2ᵉ armée jointe à la nécessité d'apporter plus de souplesse au commandement des armées ont amené les modifications suivantes dans l'ordre de bataille :

La 3ᵉ armée comprendra les 5ᵉ, 6ᵉ, 15ᵉ et 21ᵉ C. A... les 65ᵉ, 67ᵉ et 75ᵉ D. R., la 7ᵉ D. C.

Le 15ᵉ corps, par voie de terre, devra atteindre le 6 septembre au soir Dammarie-sur-Saulx.

Le 21ᵉ corps, par voie ferrée, vers Joinville-Nancy, le 5, le 6 et le 7 septembre au matin, se portera vers Montiercnder-Longueville.

8

Le 21ᵉ sera administré par la 3ᵉ armée, mais sera, initialement, aux ordres du général commandant en chef.

La 4ᵉ armée comprendra les 2ᵉ, 12ᵉ, 17ᵉ C. A. et le corps colonial.

Le détachement d'armée Foch formera, à dater du 5 septembre, une armée autonome : 9ᵉ armée, comprenant les 9ᵉ et 11ᵉ C. A., la 42ᵉ division et la division marocaine, les 52ᵉ et 60ᵉ D. R., la 9ᵉ D. C. Les fractions du 9ᵉ C. A., qui n'avaient pu rejoindre, débarquent dans la région de Troyes, du 4 au 5.

La 5ᵉ armée conserve sa composition, plus le corps de cavalerie, 4ᵉ, 8ᵉ, 10ᵉ D. C.

II. — En vue d'augmenter la densité des *forces qui doivent opérer en terrain favorable*, la 4ᵉ armée sera vraisemblablement appelée à opérer tout entière dans la région à l'ouest de la ligne Vitry-le-François-Brienne.

III. — La zone de repli à atteindre, éventuellement indiquée par l'Ordre général nᵒ 4 et la note du 2 septembre, sera modifiée en ce qui concerne la 4ᵉ armée. Cette armée opérerait en partant au plus loin, du front Mesnil-la-Comtesse, Jusseime, Pars-les-Chavanges.

La 3ᵉ armée, dont la mission est d'opérer à droite du groupe principal des armées, se repliera lentement en se maintenant si possible sur le flanc de l'ennemi et dans une formation lui permettant à tout instant de repasser facilement à l'offensive face au N.-O.

JOFFRE.

Ordre général

du 6 septembre 1914.

Au moment où s'engage une bataille dont dépend le salut du pays, il importe de rappeler à tous que le moment n'est plus de regarder en arrière ; tous les efforts doivent être employés à attaquer et à refouler l'ennemi, une troupe qui ne peut plus avancer devra, coûte que coûte, garder le terrain conquis et se faire tuer sur place plutôt que de reculer. Dans les circonstances actuelles, aucune défaillance ne peut être tolérée.

JOFFRE.

Lettre du général Joffre au général Galliéni.

7 septembre 1914.

Mon cher camarade,

Je tiens à vous remercier chaleureusement pour la façon rapide et efficace dont vous avez mis l'armée du général Maunoury à même de remplir la mission délicate qui lui est confiée.

Grâce à vous et à tous les moyens que vous avez mis à sa disposition, la VIe armée manœuvre parfaitement et son action contribue très heureusement au but final que nous nous proposons tous.

Pour faciliter et rendre plus efficace l'action de cette armée, il m'a paru nécessaire de lui envoyer directement mes ordres et instructions. Mais je vous les ferai parvenir en double afin que vous sachiez ce qu'elle fait et que vous puissiez lui prêter votre concours si précieux.

Je vous serai obligé de ne pas envoyer au gouvernement de renseignements relatifs aux opérations ; dans les compte-rendus que je lui envoie, je ne lui fais jamais connaître le but des opérations en cours ni mes intentions. Ou du moins, dans ce que je lui en dis, je lui indique les parties qui doivent rester secrètes. En agissant autrement, certaines opérations pourraient parvenir à la connaissance de l'ennemi en temps utile pour lui. C'est pour cela que je considère comme indispensable que je sois le seul à traiter ces questions avec le gouvernement parce que je suis plus à même de juger ce qui peut être dit sans inconvénient.

En ce moment la situation paraît très bonne. Devant Maunoury, les Anglais et la Ve armée, l'ennemi recule, mais

sans qu'il y ait eu d'action très sérieuse.
il est probable qu'il cherchera à se
retrancher. Plus à l'Est, devant Foch,
de Langle, Sarrail, jusqu'à la 1re armée,
des actions plus sérieuses sont engagées. Nous n'y sommes pas en mau-
vaise situation. Cette bataille durera
probablement plusieurs jours. J'ai con-
fiance dans l'issue, mais ce sera dur.

Veuillez, mon cher camarade, accep-
ter à nouveau l'expression de toute ma
reconnaissance et de mes sentiments de
fidèle et cordial dévouement.

JOFFRE.

LETTRE DU GÉNÉRAL JOFFRE
AU GÉNÉRAL MAUNOURY.

*Le Commandant en chef au général
commandant la 6ᵉ armée.*

9 septembre.

J'ai été tenu heure par heure au courant des combats opiniâtres livrés depuis trois jours par l'armée que vous commandez et des efforts surhumains imposés à vos troupes. En maintenant sur le front de l'Ourcq une notable partie des forces allemandes, vous avez obtenu un immense avantage qui permet aux opérations des armées alliées de se développer dans le sens que je désire. Je tiens à vous exprimer personnellement ma satisfaction et vous prie de la transmettre à toutes les troupes placées sous vos ordres.

JOFFRE.

*Le Commandant en chef
au Gouverneur militaire de Paris.*

Télégramme chiffré du G. Q. G. parvenu au gouverneur le 11 septembre à 18 h. 5 :

« En raison de la situation de la 6ᵉ armée qui s'éloigne chaque jour du camp retranché de Paris, cette armée recevra désormais des ordres directs du commandant en chef. Le gouverneur militaire de Paris continuera à être tenu au courant des instructions d'ensemble données à cette armée. »

G. Q. G.

Châtillon, **10 septembre** 1914.

Les forces allemandes cèdent du terrain sur la Marne et en Champagne devant les armées alliées du centre et de l'aile gauche. Pour confirmer ce succès et en tirer avantage, il est nécessaire de suivre énergiquement ce mouvement et de ne laisser aucun répit à l'adversaire.

En conséquence, l'offensive se continuera sur tout le front, dans la direction générale nord-nord-est.

a) La VIe Armée continuera d'appuyer sa droite sur l'Ourcq au ruisseau de Sapières et à la ligne Longpont-Chaudun-Courmelles-Soissons (inclus). Le corps de cavalerie Bridoux gagnera du champ à l'aile gauche et s'efforcera de gêner les communications et la retraite de l'ennemi.

b) Les forces britanniques continueront leur avance victorieuse entre la ligne ci-dessus mentionnée et la route Rocourt-Fère-en-Tardenois-Mont Notre-Dame-Bazoches, qui sera à sa disposition.

c) La Ve Armée, à l'est de la ligne précédente, contournera la forêt au sud et au nord d'Epernay, vers l'ouest, se couvrant elle-même contre les éléments ennemis qui pourraient s'y trouver, et se tiendra prête à agir dans la direction de l'est, vers Reims contre les colonnes qui se retirent devant la IXe armée.

Le Xe C. A. se portera, de la région de Vertus dans la direction d'Epernay-Reims, assurant la liaison entre les Ve et IXe armées, et prêt à appuyer cette dernière en tout temps.

ORDRE DU JOUR AU GÉNÉRAL
COMMANDANT EN CHEF LA IIe ARMÉE.

10 septembre 1914, 14 h. 10.

Depuis plus d'un mois, l'armée que vous commandez a combattu presque tous les jours et a montré des qualités remarquables d'endurance, de ténacité et de bravoure.

Des prélèvements importants ont été successivement opérés sur vos forces. Néanmoins, vous avez réussi à vous maintenir sur les hauteurs du Grand-Couronné, à repousser les attaques furieuses lancées contre vous et à empêcher l'ennemi de pénétrer dans Nancy.

Je tiens à vous exprimer ma satisfaction et vous prie de la transmettre aux troupes sous vos ordres.

JOFFRE.

Ordre du jour au Général
commandant en chef la 1ʳᵉ armée.

10 septembre.

Depuis près d'un mois, votre armée combat presque journellement montrant des qualités remarquables d'endurance, de ténacité et de bravoure.

Vous avez su, vous-même, insuffler à tous l'énergie dont vous êtes animé.

Malgré les prélèvements importants qui ont été successivement opérés sur vos forces, vous avez su maintenir l'ennemi, et vos troupes ont compensé la diminution de vos effectifs par une activité toujours croissante.

Je tiens à vous témoigner, à vous et à la Iʳᵉ armée, toute ma satisfaction pour le résultat obtenu.

JOFFRE.

Ordre général n° 15.

11 septembre 1914.

La bataille qui se livre depuis cinq jours s'achève en victoire incontestable. La retraite des Ire, IIe et IIIe armées allemandes s'accentue devant notre gauche et notre centre. A son tour, la IVe armée ennemie commence à se replier au nord de Vitry et de Sermaize.

Partout l'ennemi laisse sur place de nombreux blessés et des quantités de munitions. Partout on fait des prisonniers. En gagnant du terrain, nos troupes constatent les traces de l'intensité de la lutte et de l'importance des moyens mis en œuvre par les Allemands pour essayer de résister à notre élan.

La reprise vigoureuse de l'offensive a déterminé le succès. Tous, officiers et soldats, vous avez répondu à mon appel. Vous avez bien mérité de la patrie.

JOFFRE.

II

Pièces diverses

II
Pièces diverses

2 *septembre* 1914.

LETTRE DU GÉNÉRAL GALLIENI,
GOUVERNEUR DE PARIS, AU GÉNÉRAL EN CHEF.

... Le maréchal French me demande l'appui des troupes du camp retranché de Paris. J'ai l'impression qu'il va reculer encore, sans se soucier ni de Paris ni de la mission que vous lui avez donnée et que je ne connais pas.

2 *septembre* 1914.

LETTRE DU GÉNÉRAL GALLIENI,
GOUVERNEUR DE PARIS, AU GÉNÉRAL EN CHEF.

Je vous rappelle encore une fois ce que je vous ai déjà dit dans trois conversations téléphoniques, ce que j'ai répété, en conseil des ministres, au

Président de la République et au ministre de la Guerre! « Paris, si vous ne lui donnez pas des troupes actives de renfort, au moins trois corps d'armée, est dans l'impossibilité absolue de se défendre. »

3 septembre 1914, 11 h.

COMMUNICATION TÉLÉPHONIQUE
DU MARÉCHAL FRENCH AU GÉNÉRAL GALLIENI.

Maréchal me charge de vous dire qu'il vient de recevoir ses premiers renforts qui doivent être répartis demain dans les corps de troupes.

Il ne pourra bouger pendant la journée, mais il est possible qu'il se mette en marche demain soir, 4, dans la direction de l'Est, surtout si la 6ᵉ armée, qui ne paraît plus avoir personne devant elle, entamait dans la journée un mouvement analogue la portant à sa gauche, et si la zone de débarquement du 4ᵉ corps pouvait être adaptée à la nouvelle situation de manière à constituer avec l'ensemble de ces forces une armée aussi forte que possible.

* * *

3 septembre 1914.

ARMÉE DE PARIS,
HABITANTS DE PARIS.

Les membres du Gouvernement de la République ont quitté Paris : ils vont donner une impulsion nouvelle à la défense nationale.

J'ai reçu le mandat de défendre Paris contre l'envahisseur.

Ce mandat je le remplirai jusqu'au bout.

Paris, le 3 septembre 1914.

Le Gouverneur militaire de Paris,
commandant l'armée de Paris,
GALLIENI.

3 septembre 1914.

LETTRE DU GÉNÉRAL GALLIENI, GOUVERNEUR DE PARIS, AU GÉNÉRAL EN CHEF.

Permettez-moi de vous rappeler que Paris compte un nombre considérable de troupes territoriales dont la valeur manœuvrière est très faible, et qui ne sont que très incomplètement outillées comme troupes de campagne (n'ont ni T. C., ni T. R.) (1); je m'emploie à leur constituer des embryons de ces trains. D'autre part, ces troupes sont faiblement pourvues en artillerie et en munitions; elles n'ont ni parcs, ni convois, ni ambulances.

Sauf ordre contraire de votre part, je m'efforcerai de tenir dans Paris le plus longtemps possible.

---

(1) Trains de combat, trains régimentaires

3 septembre 1914.

LETTRE DU GÉNÉRAL GALLIENI,
GOUVERNEUR DE PARIS, AU GÉNÉRAL EN CHEF.

J'ai l'honneur de vous prier de vouloir bien me donner des instructions sur le rôle que vous entendez assigner au camp retranché de Paris et à l'armée de Paris dans vos opérations.

Melun, 4 septembre 1914, 8 h. 15.

MESSAGE DU G. Q. G. ANGLAIS
AU GÉNÉRAL COMMANDANT EN CHEF[1]

Maréchal, qui hier après-midi semblait très désireux de se porter vers l'Est pour dégager gauche 5e armée, a modifié sa décision sous l'influence des conseils de prudence qui lui ont été donnés par son chef d'état-major.

Les troupes auront en principe repos

---

[1] Copie de ce message fut adressée au Général Gallieni.

aujourd'hui, mais devront se tenir prêtes à partir au premier signal, pour commencer leur retraite derrière la Seine.

Le mouvement s'exécutera en trois étapes, la première amenant les arrière-gardes sur le front Mauperthuis (sud de Coulommiers), Faremoutiers-Tigeaux-Chanteloup.

Si la 6ᵉ armée débouchait de Paris dans la direction de l'Est, l'armée anglaise serait encore en état de l'appuyer à droite.

Mais si la gauche de la 5ᵉ armée était trop fortement rejetée vers l'Ouest, ou si l'avance allemande devenait trop prononcée l'armée anglaise serait obligée de continuer son mouvement de retraite derrière la Seine, tenant Corbeil par sa gauche, Melun par sa droite.

Le Q. G. des Anglais reste aujourd'hui 4, à Melun.

Armée de Paris

État-major

3ᵉ *Bureau*
6483.

Paris, 4 *septembre* 1914,
9 heures.

Secret

LE GÉNÉRAL GALLIENI,
COMMANDANT DES ARMÉES DE PARIS,
A M. LE GÉNÉRAL MAUNOURY,
COMMANDANT LA 6ᵉ ARMÉE.

En raison du mouvement des armées allemandes qui paraissent glisser en avant de notre front dans la direction du Sud-Est, j'ai l'intention de porter votre armée en avant, dans leur flanc, en liaison avec les troupes anglaises.

Je vous indiquerai votre direction de marche dès que je connaîtrai celle de l'armée anglaise, mais prenez dès maintenant vos dispositions pour que vos troupes soient prêtes à marcher cet après-midi, et à entamer demain un mouvement général dans l'est du camp retranché.

Poussez immédiatement des reconnaissances de cavalerie dans tout le secteur entre la route de Chantilly et la Marne.

Je mets la 45ᵉ division dès maintenant à votre disposition.

Venez, de votre personne, me parler le plus tôt possible.

*Le gén*ᵃˡ *comm*ᵈᵗ *les armées de Paris.*
GALLIENI.

---

4 septembre 1914,
Heure d'arrivée : 21 h. 45.

TÉLÉGRAMME CHIFFRÉ DU G. Q. G. ANGLAIS
AU GÉNÉRAL GALLIENI.

LIEU D'ORIGINE : *Melun.*
DATE ET HEURE DE DÉPART : *4 septembre,* 18 h. 30.
EXPÉDITEUR : *Colonel Huguet.*
DESTINATAIRE : *Gouverneur militaire de Paris.*

TEXTE. — « Maréchal non encore rentré, mais dès maintenant ordres donnés pour A. A. (*armée anglaise*) occuper demain 5, ligne Ormeaux-Tournan-Ozoir. »

ARMÉE DE PARIS.

ÉTAT-MAJOR   *Paris, 4 septembre 1914,*
                                  20 h. 30.

3ᵉ *Bureau.*

ORDRE GÉNÉRAL Nº 4.

1. — Tous les renseignements con-
cordent à démontrer que le gros de la
première armée allemande, qui faisait
face jusqu'ici à la 6ᵉ armée, s'est orienté
vers le Sud-Est. Des colonnes importantes ont été signalées hier soir se
dirigeant vers la Marne pour la franchir
entre la Ferté-sous-Jouarre et Château-
Thierry. Ce mouvement paraît nettement dirigé contre la droite anglaise et
la gauche de la 5ᵉ armée française.

Une colonne allemande qui paraît
constituer la droite allemande, était
aujourd'hui en marche de Nanteuil-le-

Haudouin sur Meaux ou Lizy-sur-Ourcq.

Dans ces conditions, Paris cessant d'être menacé, toutes les forces mobiles de l'armée de Paris doivent manœuvrer de manière à conserver le contact avec l'armée allemande, et à la suivre pour se tenir prêtes à participer à la bataille à prévoir.

L'armée anglaise a fait connaître qu'elle se préparait à agir dans le même sens.

II. — La 6e armée poussera des reconnaissances de cavalerie dans les directions de Chantilly, Senlis, Nanteuil-le-Haudoin, Meaux et Lizy-sur-Ourcq.

Des dispositions sont prises pour renforcer la cavalerie de la 6e armée de tous les éléments disponibles.

III. — Demain, la 6e armée se mettra en mouvement dans la direction de l'Est, en se maintenant sur la rive droite (Nord) de la Marne, de manière à ramener son front à la hauteur de Meaux, et à être prête à attaquer le 6 au matin en liaison avec l'armée anglaise qui attaquera le front Coulommiers-Changis.

IV. — En vue de cette marche vers l'Est, la 6ᵉ armée sera renforcée successivement des éléments ci-après :

45ᵉ division, passe dès maintenant aux ordres du général Maunoury ;

4ᵉ corps d'armée. Se tiendra prêt à suivre le mouvement de la 6ᵉ armée, au fur et à mesure qu'une division aura débarqué en totalité. Le passage sous les ordres du général Maunoury sera réglé par ordres particuliers.

V. — La garde du camp retranché restera assurée par sa garnison de défense normale renforcée du groupe de divisions de réserve Ebener.

Le général commandant la 85ᵉ division territoriale reprendra à la date du 5 le commandement de la région Est, en totalité, et disposera de tous les éléments de sa division.

Le groupe de divisions de réserve Ebener sera amené dans l'intérieur du camp retranché. Une division se transportera dans la région du Mesnil-Amelot de manière à l'atteindre le 6; cette division cantonnera le 5 dans la région Attainville, le Mesnil-Aubry, Mareil-en-France, Villiers-le-Sec (Q. G.) et Villaines.

L'autre division du groupe Ebener passera en réserve générale. Elle viendra le 6 cantonner dans une zone qui lui sera indiquée ultérieurement.

A la date du 6, le général Ebener prendra le commandement dans l'intervalle Nord-Est ; il disposera de la 92ᵉ division territoriale. Cette division assurera la garde de l'intervalle Nord-Est entre le départ de la 6ᵉ armée et l'arrivée de la division de réserve.

Rien de changé dans la région Nord (général Mercier-Milon), ni dans la zone Sud (général Michel).

Toutefois, en raison du départ du groupe de divisions de réserve Ebener, la liaison entre la région Nord et la zone Sud et la surveillance sur la rive droite de l'Oise seront plus étroitement assurées. On tiendra compte de ce qu'un gros de cavalerie allemande a été signalé du côté de Beauvais, que des patrouilles de uhlans ont été vues aujourd'hui non loin de Pontoise et que, par suite du départ du corps de cavalerie Sordet qui se trouvait établi sur la Seine en aval de Paris, il n'est pas impossible que des patrouilles ennemies passent la Seine et se montrent sur notre front Ouest.

VI. — Les travaux de défense dans le camp retranché seront poussés avec la plus grande activité possible.

VII. — Le quartier général du Gouverneur fonctionne à partir d'aujourd'hui au lycée Duruy, boulevard des Invalides.

Le général commandant
les armées de Paris,

GALLIENI.

6 septembre 1914.

LETTRE DU GÉNÉRAL GALLIENI,
AU MARÉCHAL FRENCH.

La 6ᵉ armée, qui a pris l'offensive ce matin, rencontre une résistance sérieuse, deux divisions ennemies sont signalées vers l'Ourcq, venant du Sud ; elles ont atteint la Marne entre Vareddes et Lizy, à 9 heures ; pour que les Allemands ne puissent ramener contre la 6ᵉ armée les éléments faisant face aux Anglais, prière instante au maréchal French de porter son armée en avant, de manière que l'offensive générale soit bien générale.

7 *septembre* 1914.

LETTRE DU GÉNÉRAL GALLIENI,
AU MARÉCHAL FRENCH.

Monsieur le Maréchal,

Je sais que vous êtes en liaison intime avec le général Maunoury, auquel je m'occupe d'envoyer tous les renforts à ma disposition. Pour tenir compte de la nécessité de bien couvrir votre flanc gauche, le général Maunoury fait diriger sur la rive gauche de la Marne la 8e division d'infanterie.

J'ai la conviction absolue que toutes les forces dont dispose le général Maunoury et étant données nos dispositions concentriques autour des forces allemandes que nous avons eues en face de nous, notre opération d'ensemble doit être couronnée de succès si nous concourons tous bien au but final.

Je tiens à vous exprimer ma propre

reconnaissance pour le concours si efficace que vous nous avez donné hier, et, en ce qui me concerne, soyez assuré que je mets tous mes efforts pour obtenir ce résultat.

8 *septembre* 1914.

LETTRE DU GÉNÉRAL GALLIENI,
GOUVERNEUR DE PARIS,
AU MINISTRE DE LA GUERRE.

... Enfin, je vous demanderai de ne pas oublier que Paris, avec ses territoriaux en nombre insuffisant, avec ses ouvrages médiocres et très exposés, avec son matériel d'artillerie démodé (nos pièces ne portent qu'à 8 kilomètres contre les pièces allemandes portant à 14) ne peut se défendre longtemps et dans de bonnes conditions.

8 septembre 1914.

Lettre du Général Gallieni
au Ministre de la Guerre.

. . . .

Je me suis occupé, avec les ressources très limitées d'ailleurs, que j'ai ici, d'envoyer à la 6ᵉ armée, officiers, hommes, chevaux. Puis, pensant que nous avions une bonne occasion de coincer les 6 corps allemands qui depuis longtemps accrochaient notre aile gauche (5ᵉ armée), à défaut d'indications nettes du grand quartier général, j'ai aiguillé la 5ᵉ armée sur notre front Est, avec l'objectif général l'Ourcq. Mais pour réussir, il m'était indispensable que l'armée anglaise prît, elle aussi, l'offen-

sive. J'ai multiplié les démarches auprès
du maréchal French..

Bref, il a consenti à marcher, mais à
la condition formelle d'avoir ses flancs
appuyés. C'est ainsi que j'ai dû, à mon
corps défendant, diriger au Sud de la
Marne la 8ᵉ division, du 4ᵉ corps, qui
venait de débarquer et qui eût été bien
mieux placée sur le flanc gauche de la
6ᵉ armée pour pouvoir agir sur les lignes
de retraite des Allemands.

11 *septembre* 1914.

LETTRE DU GÉNÉRAL GALLIENI
AU MINISTRE DE LA GUERRE.

. . . .

C'est pour cela que je me suis préoccupé de reconstituer en deux jours l'armée de Paris (6ᵉ armée) qui m'arrivait assez mal au point, et de la jeter aussitôt, par les moyens les plus rapides sur le flanc droit des Allemands. Et maintenant que la manœuvre a réussi, et que la 5ᵉ armée a pu enfin se dégager de l'adversaire qui la poursuivait depuis Namur, j'envoie au front, au fur et à mesure qu'elles débarquent, et toujours par les moyens les plus rapides, les troupes dont je puis disposer.

TABLE DES MATIÈRES

ANNEXES

I. Pièces originaires du G. Q. G.

TABLE DES MATIÈRES

TABLE DES MATIÈRES

CARTE